글쓴이 마음꽃을 피우는 사람들

어린이잡지 월간 〈마음꽃〉을 만드는 사람들의 모임입니다. 〈마음꽃〉은 부모, 초등학교 교사, 그림작가, 어린이 담당 스님 등 여러 사람이 모여 매달 만드는 잡지입니다. 이 책은 〈마음꽃〉 '이달의 마음굴리기' 꼭지에 연재된 글들을 모아 엮었습니다. 어린이들이 직접 보내 온 고민에 마음을 다해 도움이 되는 답변을 주었고, 그 글들은 어른들 마음에도 힘이 솟게 해주었습니다. 지은 책으로는 《진짜 어린이 마음 사전》이 있습니다.
〈유튜브: 마음꽃TV〉

그린이 김효진

그림을 그리고 글을 쓰며 살아갑니다. 어린이가 보는 책이나 잡지에 그림을 그릴 때 가장 행복합니다. 현재 어린이잡지 월간 〈마음꽃〉에 정기적으로 그림을 그립니다. 지은 책으로는 《어른이 된 후에》와 《아이가 어릴 때 마당 있는 집에서 2년만 살아보기》가 있습니다.

마음에도 근육이 필요해
– 괜찮아! 걱정 뚝! 마음굴리기 대장의 재미나고 후련한 초등인생상담

글쓴이 마음꽃을 피우는 사람들　**그린이** 김효진　**펴낸이** 강이경
펴낸곳 고래이야기　**제조국** 대한민국　**제조년월** 2024년 12월
초판1쇄 발행 2021년 6월 10일　**개정판1쇄 발행** 2024년 6월 20일　**개정판2쇄 발행** 2024년 12월 20일
주소 경기도 양평군 용문면 용문산로 340-20 1층　**등록** 제2016-000005호(2006년 8월 29일)
전화 031) 771-7863　**팩스** 031) 771-7865　**이메일** whalestory3@naver.com
블로그 blog.naver.com/whalestory3　**페이스북** www.facebook.com/whalestory1
ISBN 979-11-92827-11-7 73180

● 잘못된 책은 구입하신 서점에서 바꾸어 드립니다.　● 책값은 뒤표지에 있습니다.
⚠ 주의! 책의 모서리나 책장에 다치지 않도록 주의하세요.　| 사용연령 36개월 이상

괜찮아! 걱정 뚝!
마음굴리기 대장의
재미나고 후련한
초등인생상담

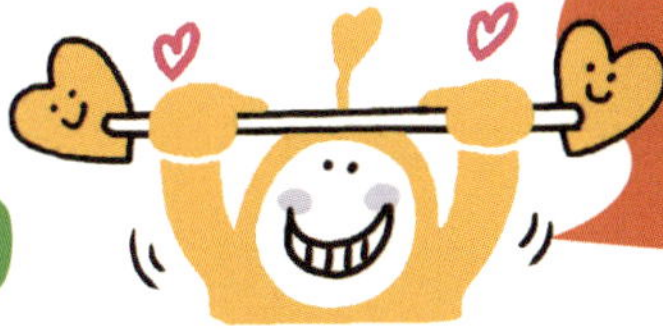

마음에도 근육이 필요해

친구들 안녕? 반가워.
나는 마음굴리기 대장,
마대장이라고 해.

| 머리말 |

괜찮아! 걱정 뚝!

텔레비전에서 어린이들 마음을 잘 아는
전문가 선생님이 나온 방송 프로그램을 본 적이 있어.
그 프로그램에 나오는 어린이들은 막 화를 내고,
거친 욕도 하고, 때로는 어른들을 때리기도 했어.
마대장은 "저 친구들이 왜 저러지?" 하고 깜짝 놀랐는데,
전문가 선생님이 그 어린이들이 왜 그런 행동을 하는지
단번에 알아내는 걸 보고 또 한 번 놀랐어.
그 친구들이 원래 그런 성격이어서 그런 게 아니라,
자기 마음을 어떻게 표현해야 할지,
어떻게 전달해야 할지 몰라서
그렇게 화내고 때리고 거친 말을 했던 거야.
전문가 선생님은 친구들의 그런 마음을 이해했던 거지.

그 모습을 보며 마대장은 생각했어.
친구들이 자기 마음을 조절할 수 있다면 참 좋겠다,

자기 마음의 주인이 자기라는 걸 알면
참 좋겠다는 생각을 말이야. 그래서 마대장은
마음을 잘 굴리는 것에 대해 말해 보려고 해.
마음을 잘 굴리면,
뾰족뾰족한 마음은 둥글둥글해지고,
거칠거칠한 기분은 부들부들해지고,
숨고 싶은 마음은 조금 더 단단하고 씩씩해지고,
나밖에 모르는 차가운 마음은 좀 더 따뜻해질 거야.
어린이뿐만 아니라 청소년과 어른도
마음굴리기를 연습하면 도움이 되겠지?

이 책에서 다룬 고민들은
모두 어린이 친구들이 직접 보내온 고민들이야.
우리 마음을 잘 굴리려면 어떻게 하면 좋을까?
지금부터 마음속으로 들어가 보자!

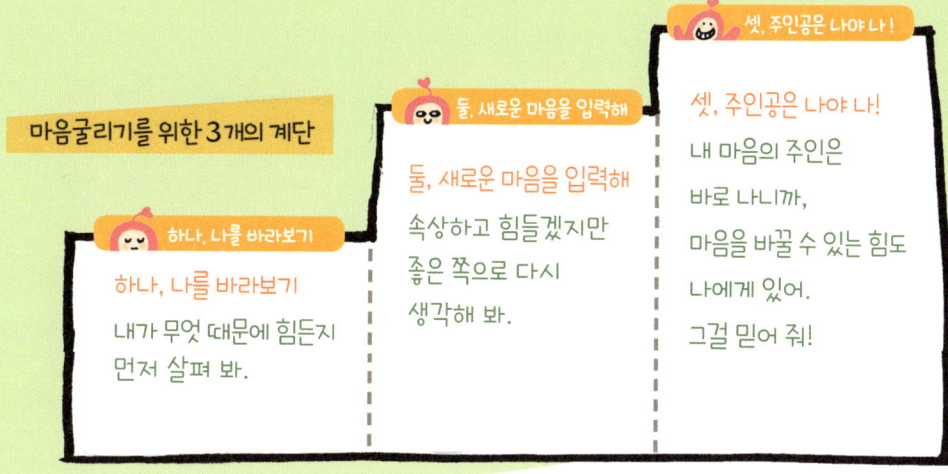

마음굴리기를 위한 3개의 계단

하나, 나를 바라보기
내가 무엇 때문에 힘든지
먼저 살펴 봐.

둘, 새로운 마음을 입력해
속상하고 힘들겠지만
좋은 쪽으로 다시
생각해 봐.

셋, 주인공은 나야 나!
내 마음의 주인은
바로 나니까,
마음을 바꿀 수 있는 힘도
나에게 있어.
그걸 믿어 줘!

| 차례 |

머리말 004

1장. 나름대로 나는 나

내가 좋아하지도 않는 걸 해야 할까? 010
엄마 마음대로 다 하려는 게 정말 싫어 014
질투하는 내 모습이 마음에 안 들어 018
내가 승부욕이 너무 강한 걸까? 022
꿈이 없어서 고민이야 026

2장. 아무래도 수상한 상상

친구들이 날 무시하는 것 같아 032
인기 많은 친구가 부러워 036
내 뒷담화를 할까 봐 불안해 040
나만 따돌려서 너무 속상해 044
자꾸 우울해 048

3장. 괜찮아, 걱정, 없다

좋아하는 친구가 있는데 부끄러워 054
사과하고 싶은데 용기가 나지 않아 058
실수할까 봐 걱정이 돼서 잠도 안 와 062
손톱을 물어뜯는 습관이 있어 066
부모님이 자주 다투셔 070

4장. 힘들 땐 믿어 봐, 내 마음의 힘을!

애들이 놀려서 스트레스야 076
학원을 줄이고 싶은데 말을 못하겠어 080
엄마 잔소리, 너무 답답해! 084
피아노를 잘 치고 싶은데 088
거북이를 키울 방법이 없을까? 092

5장. 너한테만 얘기하는 건데

나만 혼나는 것 같아 너무 억울해 98
수학 공부는 시간 낭비 같아 102
수행평가가 너무 많아서 힘들어 106
나는 너무 솔직한 게 문제야 110
개미를 죽이는 게 잘못이야? 114

6장. 세상의 많고 많은 마음

다이어트가 잘 안 돼 120
이마에 여드름이 없어지질 않아 124
대체 사랑이 어떤 거지? 128
아직도 천둥 번개가 무서워 132
게임을 자꾸 하게 돼 136

맺음말 140

1장

나름대로 나는 나

* 내가 좋아하지도 않는 걸 해야 할까?
* 엄마 마음대로 다 하려는 게 정말 싫어
* 질투하는 내 모습이 마음에 안 들어
* 내가 승부욕이 너무 강한 걸까?
* 꿈이 없어서 고민이야

내가 좋아하지도 않는 걸 해야 할까?

"나는 친구들이 좋아하는 요즘 노래나 게임,
아이템 같은 데 별로 관심이 없어.
그냥 혼자 책을 보거나 옛날 영화를 보는 걸 좋아해.
그래서 친구들한테 아싸(아웃사이더)라고 소문이 났어.
친구들과 어울리기 위해 내가
좋아하지도 않는 걸 해야 할까?"

- 조OO(초6)

다른 친구들과 멀어질까 봐 걱정하지 않아도 돼.

예전에 마대장 친구 중에
곤충을 아주 좋아하는 애가 있었어.
개미, 무당벌레는 물론이고 지렁이, 거미, 매미, 콩벌레 등….
벌레가 눈에 띄면 매번 땅바닥에 쪼그리고 앉아서 지켜 보니까
다른 친구들이 맨날 벌레만 보냐면서
벌레 덕후라고 놀려도 그 친구는 그냥 웃기만 했지.
어느 날 수목원으로 체험 학습을 갔는데,
그 애가 거기에 있는 나무와 곤충들을 거의 다 알고 있는 거야.
특히 곤충들 특징과 먹이, 사는 곳까지 전부 알고 있더라고.
그날 이후로 우리는 신기한 벌레를 보면 일단 그 애부터 찾게 되었어.

자기만의 취미가 있고, 그걸 즐기는 건 정말 좋은 일이라고 생각해.
그러니까 절대 그걸 포기하지 말았으면 좋겠어.
그러다 다른 친구들과 멀어질까 봐 걱정이 된다고?
그런 걱정은 안 해도 돼.

친구들과 잘 지내는 애들을 보니까
공통점이 있더라고.

첫째, 자기가 잘 하는 게 있어도
　　　 잘난 척하거나 남을 무시하지 않아.
둘째, 자기 얘기만 하지 않고 다른 친구들
　　　 얘기를 잘 들어 줘. 호응도 잘 해 주고.
셋째, 그 친구만의 개성이 있어.
　　　 특히 자기 취미나 특기를 당당하게
　　　 즐기는 모습을 보면 왠지 관심이 가.

자기만의 취미를 가진 너는
이 중에 한 가지는 이미 갖추고 있는 거야.
그러니 네 취미를 당당하게 즐기고,
다른 친구들이 좋아하는 것도 존중해 주면 돼.
좋아하는 게 달라도 얼마든지
좋은 친구가 될 수 있다고 생각하는데, 어때?

네 취미도 살리고, 저마다 다른 관심사를 가진
친구들과도 두루 잘 지낼 수 있기를 응원해!

마음굴리기를 위한 3개의 계단

하나, 나를 바라보기

내가 좋아하는 것만 하다가
친구들과 멀어질까 봐
걱정하는구나.

둘, 새로운 마음을 입력해

친구들과 어울리기 위해
내가 좋아하는 걸 포기할 필요는 없어.
오히려 그게 나만의 장점이자
매력이 될 거야!

셋, 주인공은 나야 나!

내가 좋아하는 것을 즐겁게 하다 보면
자연스럽게 좋은 친구들도 생길 거야!
내 취미도, 좋은 친구도 포기하지 않을래!

엄마 마음대로
다 하려는 게 정말 싫어

"엄마가 나한테 물어보지도 않고
영어 학원을 등록하시더니
며칠 전에는 나랑 싸운 친구한테 전화해서
화해시켜 주시겠다는 거야.
엄마는 내가 아직 어린애인 줄 아시나 봐.
요즘은 엄마랑 말도 하기 싫어."

- 유OO(초6)

어떻게 해야 혼자 하고 싶은 일도 있다는 걸 잘 전할 수 있을까?

며칠 전, 할머니 생신 날에 친척들 모두 시골 할머니 댁에 모였어.
함께 맛있는 밥도 먹고 즐거운 시간을 보내다
집에 돌아갈 때가 되었는데, 할머니가 마대장 아빠에게
이렇게 말씀하시는 거야.
"아가! 운전 조심하고 절대 빨리 달리지 말어.
졸리면 꼭 휴게소 들러서 쉬었다 가고."
우리는 '아가'라는 할머니 말씀에 모두 웃음을 터뜨렸어.
우리 아빠는 오십 살이 넘으셨거든.
그러자 할머니가 말씀하셨어.

"애미한테 자식은 아무리
 나이가 많아도 애기여!"

우리는 혼자 힘으로 할 수 있는 것들이 꽤 많다고 생각하지만,
부모님에게는 우리가 여전히 챙겨주고 도와줄 게 많은
어린아이처럼 느껴지실 거야. 부모님 마음은 다 그렇대.
이럴 때, 어떻게 하면 엄마에게 나 스스로 할 수 있는 일도 많고,
또 혼자 하고 싶은 일도 있다는 걸 제대로 알려 줄 수 있을까?

화를 내거나 토라져서 엄마와 말을 안 하면
오히려 부모님은 '여전히 어린아이구나.' 하고
생각하실 거야. 그보다는 이렇게 말해 봐.

"이건 저 혼자 한번 해보고 싶어요.
제가 힘들어서 도움을 원하면 그때 도와주세요."

그러면 엄마는 겉으로는 드러내지 않아도 속으로는
'얘가 언제 이렇게 컸지?' 하고 생각하실 거야.
물론 부모님이 단번에 생각이나 행동을 바꾸지 않을 수도 있어.
그럴 때 우리에게 필요한 것들이 있어.

첫째, 부모님 입장을 이해해 보려는 마음
둘째, 내가 원하는 걸 잘 설명하려는 노력
셋째, 부모님 허락을 기다릴 수 있는 여유로운 마음

이게 쉽게 되는 일이냐고? 쉽지 않아.
오히려 서로 부딪치거나 화내는 게 쉽겠지.
하지만 자신이 왜 화가 났는지, 자기가 무엇을 원하는지 얘기하지 않고
계속 좋지 않은 감정만 드러낸다면
부모님은 우리를 여전히 어리다고만 생각하실 거야!

부모님에게 우리 생각을 제대로 전달할 수 있어야 해.
혼자 해보고 싶은 일들이 점점 많아지고,
또 그럴 수 있을 만큼 컸다는 걸 말이야.

마음굴리기를 위한 3개의 계단

하나, 나를 바라보기

엄마가 내 일에
너무 많이 간섭하셔서
속상하구나.

둘, 새로운 마음을 입력해

내가 이제 컸다는 걸
설명할 때가 된 거야.
내가 원하는 걸 잘 얘기해 보자!

필요한 건
이거야!

엄마~
저한테 한번
맡겨 보세요.

셋, 주인공은 나야 나!

부모님께 내 생각과 마음을
잘 전달하는 게
내 첫 번째 성장 미션!

질투하는 내 모습이 마음에 안 들어

"나랑 친한 친구가 있는데
이번에 성적이 엄청 올랐어.
너무 질투가 나서 축하하지 못했어.
이런 내 모습이 마음에 안 들어."

- 박OO(초6)

질투라는 감정도 나에게 이롭게 쓸 수 있어!

얼마 전에 친구가 새 운동화를 신고 나타났어.
"발 불편하게 생겼네." "색깔이 정말 별로다."
마대장은 속으로 엄청 부러웠지만
티 내고 싶지 않아서 괜히 트집만 잡았어.
나도 그런 내 자신이 정말 마음에 안 들었어.
'나는 친구를 질투나 하고 칭찬도
제대로 못 해 주는 별로인 애구나!' 하는
생각까지 들더라고.

그런데 말이야, 질투는 정말 나쁜 감정일까?

바닷게들을 잡아서 담아 놓은 바구니는 뚜껑을 덮지 않는다는 사실,
혹시 아니? 게들은 서로 먼저 소쿠리를 빠져 나오려고
열심히 기어오르다가 자기보다 위에 있는 게를 보면 집게로 끌어내린대.
그래서 뚜껑을 덮지 않아도 한 마리도 바깥으로 도망치지 못한다는 거야.
만약 게들이 먼저 올라간 게를 끌어내리지 않고,
'아! 나도 저렇게 올라가면 되겠구나!' 하고
차례차례 바구니를 빠져 나간다면 모두가 탈출에 성공할 수 있겠지?

질투를 느끼는 마음도 바구니를 탈출하는 것과 비슷해.
질투를 느끼는 친구에게 트집을 잡거나 뒤에서 안 좋은 얘기를 하는 건 질투라는 감정을 잘못 사용하는 예라고 할 수 있어.

우리는 질투라는 감정을 우리 자신에게 도움이 되는 방향으로 쓸 수 있어.
그 방법을 알려 줄게. 종이에 빈 칸을 세 개 그리고 자기 마음을 적어보는 거야.

<마대장의 질투 사용법>

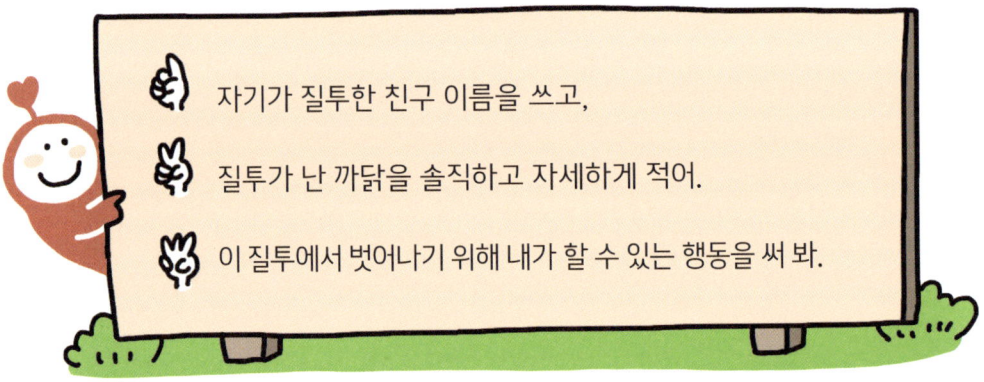

- 자기가 질투한 친구 이름을 쓰고,
- 질투가 난 까닭을 솔직하고 자세하게 적어.
- 이 질투에서 벗어나기 위해 내가 할 수 있는 행동을 써 봐.

질투는 강한 힘을 가진 감정이야.
그 힘을 친구를 미워하고 나를 탓하는 데 쓸 수도 있고,
자신에게 도움이 되게 쓸 수도 있어.
넌 어떤 선택을 할 거니?

🖐️ 마음굴리기를 위한 3개의 계단

하나, 나를 바라보기

친한 친구를 질투하는
내 모습 때문에 고민하는구나.

둘, 새로운 마음을 입력해

질투가 무조건 나쁘다는 생각은 그만!
얼마든지 좋은 마음으로
바꿔 쓸 수 있어!

나, 엄청
자극 받았어.
열공모드로 변신!

질투~
열공
대단해

셋, 주인공은 나야 나!

불편한 감정을
이렇게 긍정적으로 바꿔 쓰다니!
나, 정말 대단해!

내가 승부욕이 너무 강한 걸까?

"나는 게임이나 경기에서 지면 엄청 화가 나. 그래서 꼭 이겨야만 해. 지난번엔 게임에 자꾸 져서 울었어. 내가 승부욕이 너무 강한 걸까?"

- 김OO(초3)

멋진 승부욕은
근사한 장점이 될 수 있어!

꼭 이기고 싶었는데….
더 잘할 수 있었는데….
게임이나 경기에서 지고 나면 정말 속상하지?
다시는 그 게임을 하고 싶지 않을 정도로 말이야.
그런데 친구는 자꾸 져서 울었다고 했지?
그건 포기하지 않고 계속 도전했다는 뜻이네.
그 도전 정신, 마대장이 정말 칭찬해!

승부욕은 자동차 연료 같은 거라고 생각해.
내가 운전할 자동차에 기름이 넉넉히 차 있으면
안심하고 어디든 갈 수 있겠지?
그런 것처럼 승부욕은 무슨 일이든
열심히, 끝까지 멈추지 않고 할 수 있게 해주는,
아주 근사한 너만의 장점이야.

그런데 이기는 게 전부라고
생각하는 건 아니겠지?
늘 이기고 일등 하는 친구도 멋지긴 하지만
이기고 지는 데 상관하지 않고
정말 즐겁게 노는 친구,
게임 규칙을 잘 지키는 친구,
지더라도 쿨하게 인정하는 친구가
마대장은 더 멋져 보이더라.

신사다운 스포츠라고 하는 펜싱 경기에는
조금 특이한 규칙이 있대.
경기 도중 칼에 찔린 선수가 큰 소리로
"투셰(내가 칼을 맞았다, 내가 졌다라는 뜻)."
라고 외치면 상대 선수가 점수를 얻는 규칙이지.

자신의 실점과 실수를 인정한다는 선언인 거야.
정말 멋지지 않니?

이겼을 땐 신나게 "만세!"를 외치고,
졌을 땐 씩씩하게 "투셰!"를 외쳐보는 건 어떨까?

🐾🐾🐾 마음굴리기를 위한 3개의 계단

하나, 나를 바라보기

아, 아깝게 졌어!
너무 짜증 나.

둘, 새로운 마음을 입력해

이기는 건 멋있지만
패배를 깨끗하게 인정하는 것도
멋있잖아!

다른 애들도
졌을 때 이렇게
속상했겠구나.

셋, 주인공은 나야 나!

이기기 위해서 열심히 했잖아?
그것만으로도 난 참 멋져!

다음에 다시 도전!!

꿈이 없어서 고민이야

"나는 꿈이 없어서 걱정이야.
학교에서 가끔 장래희망 같은 걸 적어 보라는데,
도무지 뭘 써야 할지 떠오르질 않아.
나에게 문제가 있는 걸까?"

— 송○○(초4)

나 자신에게 관심을 갖고 많은 경험을 해 보는 거야!

혹시 나침반 본 적 있어?
나침반 바늘은 늘 북쪽을 가리키게 되어 있는데,
위치가 바뀔 때마다 한참을 흔들린 뒤에야
정확하게 방향을 가리켜.
꿈이 없어서 생긴 고민과 불안한 마음도
**어쩌면 꿈을 찾기 위해 겪어야 하는,
소중한 흔들림의 과정이 아닐까?**

게다가 지금 꿈이 있다고 해서 그 꿈이
어른이 될 때까지 바뀌지 않는 것도 아니야.
한 살 한 살 나이를 먹고 또 생활하는 환경이
달라지면 꿈도 당연히 달라질 수 있어.

마대장은 꿈이라는 것이,
선생님이나 운동선수 또는
유튜버처럼 어떤 구체적인
이름일 필요는 없다고 생각해.

'무엇이 되고 싶은지'보다 더 중요한 건
'무엇을 하고 싶은지'가 아닐까?
뭘 할 때 기분이 좋아지는지,
뭘 할 때 시간 가는 줄 모르고 집중하는지,
뭘 생각하면 내가 설레고 행복한지.

자기에게 관심을 갖고
이것저것 많은 경험을 했으면 좋겠어.
그렇게 자기를 알아가다 보면
꿈을 찾아가는 과정도 행복하고
설레는 시간이 될 수 있을 거야.

정확한 방향을 찾아서 쉴 새 없이 흔들리는
나침반 바늘처럼, 진짜 네 꿈을 찾기 위해서
지금은 즐겁게, 마음껏 흔들리길 바라!

마음굴리기를 위한 3개의 계단

하나, 나를 바라보기

꿈이 없다고 내가
불안해하는구나.

둘, 새로운 마음을 입력해

지금 당장 꿈이 없으면 좀 어때?
나는 지금 꿈을 찾는 중이야.
내가 뭘 좋아하는지
나에 대해 알아보자.

아직 꿈꿀
시간이 많아~

셋, 주인공은 나야 나!

우린 결국 만날 거야.
내 꿈아, 기다려라!

2장
아무래도 수상한 상상

* 친구들이 날 무시하는 것 같아

* 인기 많은 친구가 부러워

* 내 뒷담화를 할까 봐 불안해

* 나만 따돌려서 너무 속상해

* 자꾸 우울해

친구들이 날 무시하는 것 같아

 "친구들이 날 무시하는 것 같아서
속상하고 마음이 불편해."
– 박○○(초2)

내가 나를 아끼고 사랑해 줘야 해!

마대장도 기저귀와 작별했던 나이부터
하루에 열두 번도 더 이런 고민을 했던 것 같아.

내가 너무 작아서?
내가 너무 뚱뚱해서?
내가 공부를 잘하지 못해서?
내가 너무 못생겨서?
그래서 애들이 나를 무시하나?

물론 친구들한테 한 번도 물어본 적은 없어.
순전히 나 혼자만의 생각이었지.

그런데 어느 날 문득
이런 생각이 들더라.
**혹시 내가 나를
부끄러워하는 건 아닐까?**
다른 사람들과 나를 비교하면서
나는 키가 작다, 뚱뚱하다,
머리가 나쁘다···.
혼자 이렇게 생각하는 건 아닐까?

33_ 아무래도 수상한 상상

키가 커져도, 다이어트에 성공해도,
기적처럼 예뻐진다고 해도
내가 나를 사랑하지 않는다면,
내가 나를 아끼지 않는다면,
결국 똑같은 고민에
계속 빠져 있을 거라는 생각을 한 거지.

그 뒤로는 이런저런 이유로
친구들이 나를 무시한다는
생각에 힘들 때면
나는 속으로 이렇게 외친단다!

"그래서 뭐? 어쩌라고?"
" So what?"

"고민들의 9할은 니가 만들어 낸 상상의 늪
고민보다 GO GO 쫄지 마렴 Cheer up
소리쳐 봐 So what!!"
– 방탄소년단 〈So what〉 가사 중에서

🌱🌱🌱 마음굴리기를 위한 3개의 계단

하나, 나를 바라보기

친구가 나를 무시한다는
생각 때문에
내가 지금 힘들구나.

둘, 새로운 마음을 입력해

다른 사람들이 나를 무시하든 말든
내가 나를 어떻게 생각하는지가
더 중요해.

So what?

난 나를 믿어!

셋, 주인공은 나야 나!

있는 그대로 나를 사랑하자.
부족한 모습은 나날이 좋아지고,
좋은 모습은 더 빛날 거야.
난 나를 믿어!

35_ 아무래도 수상한 상상

인기 많은 친구가 부러워

"난 낯을 많이 가리는데
활발하고 인기 많은 내 친구가 부러워.
나도 그렇게 될 수 없을까?"

- 최OO(초4)

내가 가진 좋은 점을 먼저 바라봐 줘!

얼마 전 일이야.
미술 시간에 저마다 다른 재료를 가지고
집을 만드는 수업을 한 적이 있어.
재료는 선생님께서 정해 주셨어.
마대장은 나무 젓가락과 헝겊을 받았는데
나무 젓가락을 묶어서 집 모양을 만드는 게 너무 어려웠어.
그런데 지점토를 받은 내 짝은 너무 쉽고 멋지게 집을 만드는 거야.

선생님한테 "선생님, 저도 지점토로
바꿔주시면 안 돼요?" 하고 물어봤는데
안 된다면서 그냥 각자 받은 재료로
잘 만들어 보라고만 하시는 거 있지!

미술 시간 내내 왜 나한테 이런 재료를 주셨나,
선생님이 원망스럽고 손재주가 없는 나 자신에게도 화가 났어.
그러다 보니 별로 하고 싶지도 않고 짜증만 났지.
결국 집은 완성하지 못했어.

수업이 끝나고 각자가 만든 집들을 보는데
나처럼 나무젓가락을 받은 다른 친구가
집을 정말 개성 있게 잘 만든 거야.
헐…. 그때 난 깨달았어.
'재료가 문제가 아니라,
어떻게 만드느냐가 중요한 거구나!'

우리는 각자 성격이 달라. 어떤 사람은 활발하고
명랑한 성격을 가지고 태어나고
또 어떤 사람은 조용하고 수줍음이 많지.
중요한 건 우리가 미술 시간에 받았던
여러 재료들처럼 어떤 것도 더 좋고,
더 나쁜 건 없다는 거야. 그저 서로 다를 뿐인 거지.

누구나 자기 성격 중에서 마음에 들지 않는 부분이 있을 거야.
아마 네가 부러워하는 그 친구도 자기 성격에서
고치고 싶은 부분이 분명히 있을 걸?

다른 친구가 가진 장점을 본받으려고 하는 것도 좋지만 말이야,
먼저 내가 가진 좋은 점을 찾고 그걸 키워나가는 게
나를 위해서 할 수 있는, 더 멋진 노력이 아닐까?

🌱🐰🌱 마음굴리기를 위한 3개의 계단

하나, 나를 바라보기

친구들에게 먼저 인사하고 말도 잘 거는 활발한 친구를 부러워하는구나.

둘, 새로운 마음을 입력해

다른 친구 성격을 부러워하다가 내가 가진 장점을 놓치면 안 돼. 난 낯을 가리지만 대신 친구 얘기를 잘 들어 줄 수 있어.

셋, 주인공은 나야 나!

내가 가진 좋은 점은 잘 키우고, 부족한 점은 채우는 연습을 하자. 노력하는 나는 대단해!

내 뒷담화를 할까 봐
불안해

"친구들이 나 없는 데서
내 얘기를 할까 봐 겁나고 불안해."
– 조OO(초4)

일어나지 않은 일을 괜히 걱정하지 않으면 좋겠어!

마대장도 예전에 그랬던 적이 있어.
나랑 같은 반 친구들이 다른 친구 뒷담화 하는 걸 우연히 들었는데,
그 뒤로는 애들이 혹시 내 얘기도 하는 게 아닌가 싶어서
무척 불안한 거야. 그렇게 계속 신경 쓰다 보니
자꾸 애들 눈치만 보게 되더라고.
내가 자꾸 불안해하니까 한 친구가 내게 그랬어.

"너 진짜로 쟤들한테 뭐 잘못한 거 있어?
그런 거 아니면 쫄지 마!"

그제서야 나는 내가 애들한테
욕먹을 짓 한 게 있는지 떠올려 봤어.
생각나는 게 없더라고. 하하하!
'흠 … 별일도 없는데
난 왜 그렇게 불안해했던 걸까?'

사실은 예전에 한 친구와 작은 다툼이 있었는데 그 친구가 그 일을 다른 애들한테 다 얘기하는 바람에 애들이 나를 오해하고 따돌려서 정말 힘들었어. 그때 기억 때문에 이번에도 '애들이 나를 안 좋게 생각하면 어쩌지?' 하고 미리 걱정하며 안절부절못한 거야.

생각해 보면 우리는 아직 일어나지도 않은 일들에 대해
걱정하고 고민하며 괴로워할 때가 많아.
미리 걱정한다고 결과가 더 나아지는 것도 아닌데 말이야!
그러니 괜한 걱정을 하기보다 좀 가볍게 생각하면 좋겠어.

친구들이 내 얘기를 할까 봐 불안할 때면
'친구들한테 내가 어떻게 했더라?' 하고
나를 되돌아보는 시간으로 삼아.
'나는 다른 친구 뒷담화를 하지 말아야지.' 하고
결심을 다잡는 기회로 삼을 수도 있어.

자기를 되돌아보고, 긍정적으로 생각하려고 노력하면
마음이 훨씬 더 침착하고 넓어지게 될 거야!

🌱🌱🌱 마음굴리기를 위한 3개의 계단

하나, 나를 바라보기

친구들이
내 뒷담화를 할까 봐
걱정하는구나.

둘, 새로운 마음을 입력해

일어나지도 않은 일을
미리 걱정하며
쓸데없이 쫄지 말자!

셋, 주인공은 나야 나!

불안해하며 지내는 건 정말 별로야.
잘못한 게 있다면 사과하고,
그런 게 아니라면 스스로 당당하자.

나만 따돌려서 너무 속상해

"엄청 친한 친구 다섯 명이 있는데,
언제부턴가 애들이 나를 멀리하는 것 같더니
며칠 전에 나만 빼놓고 쇼핑몰에 놀러 갔대.
정말 너무 속상해."

- 송OO(초4)

서운한 마음이 사라지려면 시간이 필요해.

친구들이 너만 쏙 빼놓고 놀러 갔다니, 정말 속상했겠다!
사실은 마대장도 얼마 전에 친구들하고 영화를 보러 가기로 했는데,
아무리 기다려도 언제 가자는 연락이 없는 거야.
그래서 물어봤더니 글쎄, 나 빼고 자기들끼리만 보고 왔다는 거 있지?
너무 화가 나고 슬퍼서 그날 하루 종일 우울했어.
도저히 친구들 행동이 이해가 안 되고 용서도 안 되는 거야!
그렇게 며칠이 지난 뒤 다른 친구랑 그 영화를 보러 갔어.
'너네 아니면 나는 뭐 영화 볼 친구도 없는 줄 아냐?' 하는 마음으로 말이야.

그런데 그 영화에서
눈사람이 부르는 노래를 듣고
뭔가 가슴이 뻥 뚫리는 느낌이 들었어.
그 가사를 들려줄게.

This will all make sense when I am older	이 모든 게 나이가 들면 이해가 될 거야
Someday I will see that this makes sense	언젠가 이해가 될 거야
One day when I'm old and wise	내가 나이 들고 지혜로워지는 어느 날
I'll think back and realize	다시 되돌아보고 깨닫겠지
That these were all completely normal events	그게 별 일 아니었다는 걸 (중략)
I know in a couple years	몇 년이 지나면
These will seems like childish fears	이것들이 다 어린아이 걱정처럼 느껴지겠지
And so I know	그래서 나는 알아
This isn't bad, It's good	이건 그다지 나쁘지 않아, 괜찮아 (중략)
When I'm more mature I'll feel totally secure	내가 더 성숙해지면 그땐 완전히 편안해질 거야

- 겨울왕국2 OST <When I Am Older> 가사 중에서

이 노래를 들으면서 완전 위로 받은 거 있지?
그리고 지금 내 이 서운한 마음이 사라지려면
시간이 조금 더 필요하다는 걸 깨닫게 되었어.
그 뒤로 나는 책, 영화, 노래들을 찾아서
보고 들으며 시간을 보냈어.

이 힘든 시간들도 결국은 지나갈 테니까 너무 슬퍼하지 말라는 말,
매일 나에게 '사랑해' 하고 말해 주라는 말,
이런 이야기들이 힘든 시간을 잘 견디게 해 줬던 것 같아.

마음을 편안하게 하는 너만의 방법이 있니?
없다면 이번 기회에 한번 만들어 봐.
아픈 시간들을 견뎌야 하는 때가
앞으로도 종종 있을 거야.

괜찮아! 힘든 일들은 오히려 우리 마음 근육을 튼튼하게 만들지.
그러면서 지혜롭게 대처하는 방법도 알게 되고 말이야.
친구야, 우리 함께 힘을 내보자!

마음굴리기를 위한 3개의 계단

하나, 나를 바라보기

친구들이
나만 빼놓고 놀러 가서
속상하구나.

둘, 새로운 마음을 입력해

서운한 일도 꼭 나쁜 것만은 아냐.
그 덕분에 내 마음을 달랠
방법을 알게 됐어.

뭐 한 명쯤
빠질 수도
있잖아?

셋, 주인공은 나야 나!

친구를 원망하기보다
스스로 견뎌 보려고 노력한 나,
잘했어! 토닥토닥!

47_ 아무래도 수상한 상상

자꾸 우울해

 "요즘 갑자기 마음이 우울해지곤 해. 어떻게 하면 좋을지 모르겠어."

— 지○○(초4)

우울함도 여러 감정 중에 하나야!

마음이 우울한 건 감기하고 비슷한 것 같아.
몸에 힘도 빠지고 친구들이랑
놀고 싶은 마음도 사라지고,
맛있는 음식이 있어도 별로 먹고 싶지도 않고….

누구나 잘 걸리고 빨리 치료하면 잘
나을 수 있는 감기처럼, 우울한 기분도
누구에게나, 언제나 생길 수 있는
자연스러운 감정이야.

하지만 감기에 걸렸는데도 추운 바깥에서
계속 뛰어다닌다면 잘 낫지 않겠지?
맛있는 음식도 먹고, 몸을
쉬게 해 줘야 회복할 힘이 생기지.
마음의 감기도 마찬가지인 것 같아.

마대장이 써 본 것 중에
제일 좋았던 방법 세 가지를 알려 줄게.

하나, 감기 걸렸을 때 어른들께 도움을 청하는 것처럼 네 마음을 부모님이나 선생님께 있는 그대로 얘기하기.

둘, 감기 걸렸을 때 '이 바보, 감기에 걸리다니!' 하면서 스스로 탓하지 않듯 '나는 왜 우울할까?' 하고 너무 깊이 고민하지 않아도 돼. 자연스러운 일이니까.

셋, 우울함은 마음의 배터리가 다 떨어졌다는 신호니까 충전이 필요해. 내 마음을 즐겁게 충전해 줄 즐거운 일들을 찾아서 해 보자.

우리에겐 기쁨, 즐거움, 신남, 행복함 등
여러 감정들이 있잖아?
그러니까 '지금은 우울함이 바깥으로 나왔구나.'
하고 생각해 주면 돼.
어때, 별거 아니지?

너에게 어떤 감정이 다가오더라도 쫄지 마!
그 감정의 주인은 결국 우리 자신이니까 말이야.

🌱🐰🐰 마음굴리기를 위한 3개의 계단

하나, 나를 바라보기

나는 지금
우울한 기분이 들어서
힘들구나.

둘, 새로운 마음을 입력해

나는 여러 가지 감정을 느껴.
우울할 수도 있지!

가끔
감기에도
걸리고 그러는
거지, 뭐!

일단 맛있는 걸
먹어 볼까?

난 산책!

셋, 주인공은 나야 나!

내 마음의 주인은 나야.
마음 감기도 오래 앓으면 힘드니까
잘 회복하자!

3장

괜찮아, 걱정, 없다

* 좋아하는 친구가 있는데 부끄러워
* 사과하고 싶은데 용기가 나지 않아
* 실수할까 봐 걱정이 돼서 잠도 안 와
* 손톱을 물어뜯는 습관이 있어
* 부모님이 자주 다투셔

좋아하는 친구가 있는데 부끄러워

 "좋아하는 친구가 있는데 말을 걸 자신이 없어."

- 공○○(초3)

우리에겐 각자 개성이 있잖아!

새 학기가 시작되면 이런 고민을 하는 친구들이 많아지는 거 같아.
친해지고 싶은 친구에게 말을 걸기 어려운 그 마음,
마대장도 이해해!
그냥 편하게 "안녕?" 하고 인사부터 하면 될 것 같은데
막상 마주치면 왜 잘 안 되는 걸까?

혹시 '그 친구도 나를 좋아해 줄까?
싫어하면 어떻게 하지?'
하는 걱정이 너무 커서 말을 걸고 싶은
마음을 스스로 누르는 걸지도 몰라.
친구를 보면서 용기가 나지 않을 때,
이렇게 생각해 보면 어떨까 해.

'나에겐 자신감이 좀 필요한 것 같아.
그런데 왜 자신감이 없지?
혹시 내가 쟤보다 못났다고 생각하는
마음이 있나?'
만약 이런 생각이 든다면,
'나는 나대로 개성이 있잖아!'
하고 스스로에게 말해 줘.

또 이렇게 생각해 볼 수도 있어.
'누가 더 잘났다, 못났다 하고 나누는 건 차별하는 마음이야.
그건 별로 좋은 생각이 아니지!'
'언젠가 쟤와 친한 사이가 되면 좋겠어.' 하고 생각해.
그러다 보면 그 친구와 자연스럽게 이야기할 기회가 올 거야.

내가 왜 용기를 못 내고 있는지
스스로 잘 생각해 보고,
그렇게 움츠러드는 나 자신에게
자꾸자꾸 말을 걸어 줘.

쓸데없는 걱정을 지혜와 용기로 바꿀 수 있는 힘!
그 힘은 바로 우리 마음속에 있다는 걸 잊지 마.

🌱🌱🌱 마음굴리기를 위한 3개의 계단

하나, 나를 바라보기

좋아하는 친구에게
말을 걸고 싶지만 내가
자신이 없어서 망설이는구나.

둘, 새로운 마음을 입력해

'그 친구도 나를 좋아할까,
혹시 나를 싫어하면 어떡하지?'
하는 걱정을 미리 하지 말자.
지금 나에게 필요한 건 가벼운 용기야.

셋, 주인공은 나야 나!

생각만 하고 있으면 아무 일도
일어나지 않아. 그러니 일단
한번 말을 걸어 보는 거야.
용기야 솟아라, 아자아자!

사과하고 싶은데 용기가 나지 않아

"친구와 싸웠어. 내가 양보할 수 있었는데….
사과를 하러 갔는데 그 친구는 이미
다른 친구와 놀고 있었어.
사과해도 친구가 안 받아줄까 봐 겁이 나.
어떡하지?"

– 박○○(초2)

사과가 어려운 건 당연해.

친구야, 마대장은 네가 정말 대단하다고 생각해.
자기가 잘못한 것을 이미 알고 있고,
또 사과하기 위해서 그 친구를 찾아가기도 했잖아.
그건 정말 쉬운 일이 아니거든!

사과가 어려운 건 당연해.
**자존심을 내려놓고 먼저 미안하다고 말하는 건
큰 용기가 필요한 일이야.**

그렇게 겨우 용기를 냈는데
'친구가 내 사과를 받아주지 않으면 어쩌나.' 하는
걱정이 드는 것도 자연스러운 일이지.

지금 네 마음은 어때?
걱정도 되고 섭섭하기도 하겠지만 그보다
친구와 다시 예전처럼 재미있게,
사이 좋게 지내고 싶은 마음이 더 크다면
다시 한번 용기를 내 보는 게 어떨까?
그런데 조심해야 할 게 있어.

친구가 무슨 말을 하더라도
"하지만…." 하면서 변명하거나
"너도 그건 잘못했잖아." 하고
따지지 않겠다는 각오를 할 필요가 있어.

난 망설이고 주저하는 시간이 길어질수록
네 마음만 더 무거워지고 힘들어질까 봐
그게 걱정이 돼.
그러니 힘을 내 보자, 아자아자!

어쩌면 네 예상보다 아주 쉽게
친구가 네 사과를 받아줄지도 몰라.
진심으로 "미안해!" 하고 사과한다면 말이야.

🌱🌱🌱 마음굴리기를 위한 3개의 계단

하나, 나를 바라보기

내 사과를 거절하면 어쩌나 걱정하는구나.

둘, 새로운 마음을 입력해

사과는 미안한 마음을
솔직하게 전하는 거잖아.
상대가 사과를 받아 주지 않을 수도 있지만,
내 마음이 미안하면 그냥 사과하는 거야.

나의 '사과'를 받아 줄래?

셋, 주인공은 나야 나!

사과를 받거나 거절하는 건
친구 마음이지만
어쨌든 나는 사과를 하고 싶어.
그게 나의 선택이야!

실수할까 봐 걱정이 돼서
잠도 안 와

"학원에서 영어 웅변 대회를 한다고 해서
용감하게 참가 신청서를 냈어.
그런데 실수하면 어떡하나 너무 걱정이 돼서
요즘은 잠도 잘 안 와.
그냥 취소하는 게 나을까?"

– 서OO(초5)

실수는 누구든, 언제든 할 수 있어.

영어 웅변 대회라니, 정말 멋진걸!
마대장은 신청서를 낸 친구의 용기를 먼저 칭찬하고 싶어. 짝짝짝!
누구나 그런 일을 앞두면 정말 긴장되고 불안할 거야.
웅변 연습보다 불안한 마음이 더 힘들어서 그냥 포기하는 사람도 있어.
정말 힘들면 그만해도 괜찮아.
웅변 대회는 언제든 다시 도전하면 되니까.
그런데 웅변 대회를 앞두고 네 마음이 불안하다는 건
'영어 웅변을 하다가 실수하면 창피할 거야. 부모님도 오실 텐데,
실망하시면 어쩌지?' 하는 생각이 들기 때문일 거야.

한 마디로 '불안'이란 놈이
나에게 계속 싸움을 걸어오는 거지.
그런 상황에선 누구나 마찬가지일걸?

불안감을 없애려면 먼저 네 스스로
만족할 수 있을 만큼 충분히
연습하는 게 중요해.

여러 번 연습했는데도 계속 불안하고,
'나 왠지 실수할 것 같아.'라는
생각만 자꾸 든다면 한번 잘 살펴보자.
'내가 너무 잘해야만 한다고 생각하는 게 아닐까?
창피하니까 무조건 실수하면 안 된다고만 생각하는 거 아닐까?'
그런 생각에 휩싸이면 아무리 연습해도 불안한 건 마찬가지일 거야.
생각해 봐. 세상에 어떤 일도 실수하지 않는 완벽한 사람이 과연 있을까?
실수는 누구든, 언제든 하게 될 수 있어.
그러니 너무 두려워하지 마. 실수해도 괜찮아!
우리에게는 세 가지 길이 있는 셈이야.

첫째, 연습이 부족한지 생각해 본다.
부족하다면 더 연습한다.
둘째, 충분히 연습했다면 불안해하지 말고
스스로를 믿어 준다.
셋째, 충분히 연습해도 실수할 수 있다.
별 문제 아니다.

네 멋진 웅변을 응원할게. 멋지게 할 수 있을 거야. 화이팅!

그거 알아? 불안감은 걱정을 하면 할수록 더 커지는
감정이라는 것. 그러니 걱정이 되더라도 지금
내가 할 수 있는 것부터 하나씩 해 보는 게 좋겠지?

🌱🌱🌱 마음굴리기를 위한 3개의 계단

하나, 나를 바라보기

내가 웅변 대회에서
실수할까 봐 불안해서
마음이 힘들구나.

둘, 새로운 마음을 입력해

충분히 연습을 했으니
너무 걱정하지 않아도 돼.
나를 못 믿고 불안해하는 내 마음아,
우리 좀 더 튼튼해지자!

셋, 주인공은 나야 나!

불안도 걱정도 내 마음에서
일어나는 감정이니까
내가 다룰 수 있어.
난 내 마음의 힘을 믿어!

손톱을 물어뜯는
습관이 있어

 "손톱을 자꾸 물어뜯어서
　　　손톱이 없어져."

　　　　- 박OO(초2)

긴장하거나 걱정하는 마음의 신호일 수도 있어.

다리 떨기, 입술 물어뜯기, 머리카락 뽑기 등.
누구나 고치기 어려운 버릇 하나쯤은 가지고 있지 않을까?
사실은 마대장도 손톱을 물어뜯는 버릇이 있어.
손톱에 약을 발라보기도 하고, 하루 종일 장갑을 끼고 있어도 봤어.
하지만 언제나 그때뿐, 내 손톱은 늘 뭉뚝해.

그런데 우리 마음은 때때로
몸을 통해서 어떤 신호를 보내.
'나 지금 너무 긴장돼.'
'내가 잘 해낼 수 있을까?
자신이 없어.'

손톱을 물어뜯는 행동은
심심하거나 긴장하거나 걱정하는
내 마음이 나한테 보내는
신호일 수도 있다는 거지.

그래서 난 내가 손톱을 물어뜯는 걸
알아차릴 때마다 먼저 내 마음 상태가
어떤지 생각해 보았어.
'지금 나 긴장하고 있는 건가? 아니면 걱정이 있나?
 혹시 심심해서?' 등등 말이야.

아직 물어뜯는 버릇을 완전히 고치지는 못했지만
조금씩 조금씩 자라나는 손톱처럼
이 버릇도 점점 나아질 거라고 믿어.

어떤 버릇이든 나쁘니까 고쳐야 한다기보다는
생활하기 불편하니까 고치는 거라고
생각하면 좋겠어.

내가 내 손톱을 물어뜯어도, 다리를 떨어도,
머리카락을 뽑아도 나는 늘 소중하다는 것!
언제나 내 자신이 가장 소중하다는 것!
꼭 기억하자!

마음굴리기를 위한 3개의 계단

하나, 나를 바라보기

내가 자꾸 손톱을 물어뜯는구나.

둘, 새로운 마음을 입력해

내 마음이 불안하거나
불편한 건 아닌지 확인해 보자.
불안해 하는 나에게 괜찮다고
다독여 주자.

아, 나는 발표하기 전에 떨려서 손톱을 물어뜯는구나.

손톱을 물어뜯어도 달라지는 건 없어. 일단 물어뜯기라도 하지 말자. 파이팅!

셋, 주인공은 나야 나!

긴장할 때
내 마음을 편안하게 할 수 있는
좋은 방법이 있을 거야.
그걸 찾아 보자.

부모님이 자주 다투셔

"요즘 부모님이 다투는 모습을 자주 보게 돼.
코로나 때문에 집에 함께 있는 시간이
많아져서 더 그런 것 같아.
가끔은 밖으로 도망치고 싶을 때도 있어.
친구들은 이럴 때 어떻게 해?"

- 이OO(초3)

너의 불안하고 걱정스런 마음을 전해.

최근에 비슷한 일을 겪은 마대장 친구가 있어.
그 친구 부모님도 자주 다투셨거든.
다투는 소리가 너무 듣기 싫고 무섭기도 해서 귀를 막거나,
일부러 친구 집에 놀러 갔다가 늦게 들어오기도 했대.
그렇지만 불안한 마음이 없어지지는 않았대.

괴로웠던 그 친구는 결국
다른 방법을 써 보았대.
첫 번째는 '부모님도 싸울 수 있다'고
생각해 보는 거였어. 누구나 생각이
다르면 갈등이 생기고 다툴 수 있는 거잖아?

그래서 부모님이 다투실 때는 자신이 좋아하는 음악을 듣거나
영상을 보면서 부모님 일을 신경 쓰지 않으려고 노력했다는 거야.
부모님 다툼이 평소보다 심했던 어떤 날엔 다른 방법을 더 생각해 냈대.
그 두 번째가 일기장에 두 분이 다투실 때 자기 마음이 얼마나 불안하고
걱정스러운지를 적어 놓는 거였어. 그 친구는 엄마가 가끔 자기 일기장을
몰래 보곤 한다는 걸 알고 있었거든. 일기에 이렇게 썼대.

"엄마 아빠가 오늘도 싸우셨다.
내가 말릴 수도 없고 도울 수도 없어서
싸우실 때마다 걱정되고 무섭다."

그러고 난 뒤부터 부모님이 예전처럼 자주 다투시지는
않더래. 일기 얘기는 없었지만 내 친구는 엄마가 일기를
봤을 거라고 확신하더라고. 여전히 종종 다투시지만
또 곧 화해할 거라고 생각하니까 싸우는 소리가
들려도 예전만큼 힘들지는 않다고 했어.
마대장은 네 솔직한 마음을 편지에 담아
부모님께 전해 보는 것도 괜찮은 방법인 것 같아.

엄마 아빠가 싸울 때 네가 어떤 기분인지를 알려드리면,
부모님도 자신들을 돌아보고 싸움이 아닌
다른 방법으로 갈등을 해결하려고 노력하실 거야.

'애들은 싸우면서 큰다.'는 옛말이 있지?
그런데 말이야, 사실은 어른들도 싸우면서 마음이 커지곤 해.
부모님이 다툴 때면 불안하고 걱정스러운 마음이 드는 건 당연해.
'싸울 수도 있지만, 이번을 계기로 각자 스스로를 돌아보고
화해하는 시간을 가지면 좋겠어.' 하고
걱정을 자꾸자꾸 좋은 마음으로 바꾸어 보자.

**자꾸 연습하다 보면 내 마음도 부모님 마음도
조금씩 달라지게 될 거야.
그게 바로 '마음굴리기'란다.**

🌱🌱🌱 마음굴리기를 위한 3개의 계단

하나, 나를 바라보기

부모님이 다투는 모습을 보니
내 마음이 힘들구나.

둘, 새로운 마음을 입력해

지금은 싸우지만
앞으로는 우리가 더 사이 좋은
가족이 되면 좋겠어.

셋, 주인공은 나야 나!

불안하고 걱정하는 마음을
좋은 마음으로 바꾸는 연습,
그게 바로 내가 할 일이야!

4장

힘들 땐 믿어 봐, 내 마음의 힘을!

* 애들이 놀려서 스트레스야
* 학원을 줄이고 싶은데 말을 못하겠어
* 엄마 잔소리, 너무 답답해!
* 피아노를 잘 치고 싶은데
* 거북이를 키울 방법이 없을까?

애들이 놀려서 스트레스야

 "남자애들이 찐빵이라고 계속 놀려."
(다섯 살 때부터 별명이 찐빵이었어.)

- 허OO(초4)

애들이 놀려도 반응하지 않으면 돼.

나 마대장이 어렸을 때, 엄마가 집에서 머리카락을 잘라주셨는데
앞머리를 너무 짧게 잘라서 내가 봐도 정말 웃기는 모습이었어.
다음날부터 친구들이 나를 '호섭이'라고 놀리기 시작했어.

처음엔 화를 냈어.
그랬더니 더 신나서 놀리는 거야!
다음엔 무시해 보려고 노력했어.
그랬더니 이번엔 따라다니면서 놀리지 뭐야.
할 수 없이 선생님께 일렀어.
그랬더니 '호섭이'라는 별명에
'고자질쟁이'까지 더해져서
선생님 안 보는 데서
더 놀림을 받았어.

그러던 어느 날, 한 친구가 쪽지 한 장을 줬어.
"나도 쟤네들이 엄청 놀렸어. 돼지 공주라고.
너도 이 방법을 써 봐."라고 얘기하면서 말이야.
친구가 준 쪽지에는 세 문장이 적혀 있었지.

첫째, '애들이 아직 어려서 저러는구나.'
하고 너그럽게 봐 줘.
둘째, 애들을 뻘쭘하게 만들 대사 몇 개를 늘 준비해 둬.
(예를 들면 "어쩌라고?" 또는 "너 나한테 관심 있니?" 같은 말.)
셋째, 애들이 뭐라고 하든 넌 진짜 호섭이가 아니잖아?

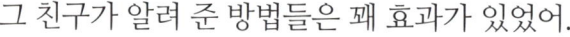

그 친구가 알려 준 방법들은 꽤 효과가 있었어.
그 뒤로 애들이 놀려도 전혀 반응하지 않고, 태연하게 몇 마디 해줬더니
점점 놀리는 일이 줄어들더라고.

다른 무엇보다 '넌 진짜 호섭이가 아니잖아.'라는
친구 말이 내겐 큰 힘이 되었어.
친구들 놀림에 스트레스 받을 때,
이 방법을 한번 써 보지 않을래?

마음굴리기를 위한 3개의 계단

하나, 나를 바라보기

애들이 자꾸 찐빵이라고 놀려서
내가 스트레스를 받는구나.

둘, 새로운 마음을 입력해

나는 소중한 사람이야.
저런 유치한 놀림에
상처 받을 필요가 없어.

어휴, 진짜 유치하다고
생각하지 않니?

제법인데!

셋, 주인공은 나야 나!

내가 나를 어떻게
생각하는지가 가장 중요해.
그건 스스로 결정하는 거야!

찐빵은
뭘 해도
귀엽지!
으하하~~

학원을 줄이고 싶은데
말을 못하겠어

 "나는 다니는 학원이 너무 많아서 힘들어.
그런데 혼날까 봐 엄마한테 말을 못하겠어."
- 김OO(초4)

어린이들 의견도 존중받을 권리가 있어.

내가 뭘 하고 싶고, 무엇을 배우고 싶은지
내 마음을 가장 잘 아는 건 당연히 나야.
어떤 학원을 다니고 싶은지, 몇 개 다니고 싶은지
결정할 수 있는 권리도 우리에게 있다고
마대장은 생각해!

그런데 엄마한테 학원을 줄이고 싶다고
솔직하게 말하기가 어려운 건
아마 '엄마한테 말해봤자 안 될 거야.'
'어떻게 말해야 할지 모르겠어.' 하는
생각 때문 아닐까?

아동권리헌장에 이런 말이 나와.
"아동은 자신의 생각이나 느낌을
자유롭게 표현할 수 있으며,
자신에게 영향을 주는 결정에 대해
의견을 말하고 이를 존중받을 권리가 있다."
이 말은 자기 일을 스스로 결정하고,
그 결정을 행동으로 옮길 힘이
우리 안에 있다는 뜻이기도 해.

하지만 여기서 한 가지 더
생각해야 할 것이 있어.
동물원에서 작은 키 때문에 앞에 뭐가 있는지
잘 안 보일 때 아빠 어깨에 올라타면 눈앞이
뻥 뚫려서 시원하게 볼 수 있잖아?
그렇듯이 어떤 일이든 부모님 도움이 있으면
더 좋은 경험을 할 수 있어.

그러니까 우선 자기가 어떤 학원을
몇 개 다니고 싶은지 잘 생각해 봐야 해.
부모님께 어떻게 이야기할 건지 미리 정리도 해 봐야 하고.
그러고 나서 부모님에게 도움을 요청하는 거야.

그때에는 부모님도
진지하게 생각해 보실 거야.

미리 걱정하지 말고 자기가 원하는 걸
잘 정리해서 부모님과 이야기할 준비를 충분히 해 둬.
걱정하던 것보다 좋은 시간이 될 거라고 믿어.
응원할게!

🐢🐰🐰 마음굴리기를 위한 3개의 계단

하나, 나를 바라보기
학원 수를 줄이고 싶은데,
내가 무서워서 말을 못하는구나.

둘, 새로운 마음을 입력해
이제 부모님과
진지한 대화를 할 때가 된 거야.
지금이 그 기회야.

셋, 주인공은 나야 나!
내 생각을 제대로 전하고
부모님 이야기도 귀기울여
들어보는 대화, 할 수 있다!

엄마 잔소리, 너무 답답해!

"엄마는 맨날 독서록 썼냐 그러고,
숙제했냐 그러고,
준비물 챙겼냐고 잔소리만 해.
말대답하면 혼나서 너무 답답해."
- 최OO(초4)

잔소리하는 엄마의 진짜 마음을 헤아려 봐.

사실 부모님 얘기는 통역 과정이 조금 필요해.
그래서 "숙제 했니? 준비물 챙겼니?"를
마대장이 통역해 봤어.

'우리 귀한 아들, 숙제 안 해서,
준비물 안 챙겨서 선생님께 혼날까 봐 걱정 돼.'
또는 '네가 책임감 있는 사람으로 자라면 좋겠어.'로
해석이 되더라고.

앞으로는 엄마가
잔소리하실 때마다
그 속에 담긴
진짜 마음을 떠올려 봐.

친구 생각은 어때?
엄마의 진짜 마음이 느껴져?
아마 조금은 다르게 들릴 수 있을 거야.
그러면 우리도 짜증내고 화내는 대신
이렇게 말할 수 있겠지.

"저를 걱정하는 마음에서 그러시는 건 알아요.
그래도 제게 너무 자주 확인하시면 건성으로
대답하게 돼요." 하고 말이야.
사실 잔소리를 이기는 가장 확실한 방법이 하나 있긴 해.

잔소리하실 일이 없게
스스로 먼저 잘 챙기는 거야.

물론 말처럼 쉽진 않겠지만
가장 확실한 방법이겠지?

처음부터 모든 일을 미리 알아서
척척 해 놓기는 어렵겠지만
그 중에 한 가지만이라도 자기 스스로
챙겨서 해 보기, 어때?

🐰🐰🐰 마음굴리기를 위한 3개의 계단

하나, 나를 바라보기

나는 엄마 얘기를
잔소리라고만 생각하고
듣기 싫어하는구나.

잔소리 무한반복

둘, 새로운 마음을 입력해

엄마 잔소리는
나를 걱정하는 마음을 담은 표현이야.
부드럽게 넘어갈 수 있는
방법을 찾아 보자.

잔소리 멈춤

셋, 주인공은 나야 나!

잔소리 듣기 전에
미리미리 해 두기.
작은 일부터 하나씩만 해 보자.
할 수 있어!

엄마! 내일 준비물은 제가 미리 잘 챙겼어요.

피아노를 잘 치고 싶은데

"피아노를 잘 치고 싶은데
맨날 바이엘만 치고 있어.
난 아무래도 피아노 연주에
재능이 없나 봐."

- 배OO(초3)

결과를 먼저 생각하지 말고 즐겁게 하는 거야!

네게 "괜찮아!"라고 말해 주고, 악수를 청하고 싶어.
마대장도 피아노 배울 때
제일 기초인 바이엘 떼기가 너무 어려웠거든.
하지만 기초 단계를 좀 오래 거치면 뭐 어때.
피아노 치기가 그리 쉬운 일은 아니잖아?

그런 걸로 너무 고민하지 않았으면 좋겠어.
피아노 치는 일이 세상에 있는 수많은 일 중 하나라고 생각해 봐.
어떤 친구는 달리기가 빠르고, 또 어떤 친구는 리코더 연주를 잘 해.
하지만 그런 걸 잘 못하는 친구들도 있어.
어떤 친구는 피아노를 잘 치는 대신 수학을 어려워하고,
또 다른 친구는 수학은 잘하는데 글쓰기가 잘 안 되기도 하지?

자기가 재미있게 할 수 있는 일이
무엇인지 알기 위해서
우리는 여러 가지 경험들을
해보는 중일 뿐이야.

그러니까
'왜 나는 피아노가 잘 안 되지?'
라는 조급한 마음 대신,

'오, 그래도 오늘은
어제보다 나아졌네? 고마워.'
하고 자신에게 말해 봐.

스스로를 칭찬하며 재미있게
연습하다 보면 어느 순간
바이엘을 떼고 다음 단계로
넘어갈 수 있을 거야.

친구야, 잘하고 싶으면 즐겁게 피아노 치는
네 모습을 상상해 봐.
마대장도 같이 상상해 볼게!

🌱🌷🌹 마음굴리기를 위한 3개의 계단

하나, 나를 바라보기

피아노를 잘 치고 싶은데
내가 생각만큼 잘하지 못해
의기소침해하는구나.

둘, 새로운 마음을 입력해

사람마다 분야마다
잘하게 되는 속도는 모두 달라.
기초를 좀 오래 연습하면 뭐 어때?

셋, 주인공은 나야 나!

빨리 잘하고 싶다는 조급한 마음은 안녕!
즐겁게 연습하다 보면
잘 치게 되는 날이 올 거야.
난 나를 믿어!

거북이를 키울 방법이 없을까?

 나는 거북이를 키우고 싶은데
엄마가 말도 못 꺼내게 해서 속상해.
거북이를 키울 수 있는 좋은 방법이 없을까?
- 심OO(초4)

반려동물을 키우려면 책임감이 꼭 필요해.

마대장 친구 중에도 거북이를 키우는 애가 하나 있거든.
왜 거북이를 키우냐고 물어봤더니
강아지나 고양이처럼 주인을 알아보고 애교를 부리지는 않지만
거북이가 느리게 움직이는 걸 보고 있으면 마음이 편안해진대.
친구야, 너는 왜 거북이를 키우고 싶니?

내 친구를 보니까 거북이를 키우는 데 필요한 게
엄청 많더라고. 여과기, 히터, 온도계, UVB램프 등등.
이게 다 거북이를 키우기 위해 꼭 필요한 물건들이래.
게다가 어항은 이삼일에 한 번은 꼭 깨끗한 물로
갈아 줘야 하고, 물 온도는 25도 정도로 늘 일정하게 유지시켜 줘야 한대.
장마철이나 겨울에는 자외선 램프를 쬐어 주어야 하고 말이야.
한두 달에 한 번씩 어항 대청소도 해야 한다더라고!

엄마가 반대하시는 건 아마 이 모든 걸 네가
해낼 수 있을까 하는 걱정 때문일 거야.
처음엔 신기하고 예뻐서 잘 돌봐주고 끝까지
키울 수 있다고 생각하겠지만 그게 한 달이 되고,
두 달이 되고 일 년이 된다면 어떨까?

네게는 귀찮아서 하루 이틀 미룬 어항 청소와 일광욕이
거북이에게는 생명이 달린 중요한 문제거든.

그저 귀여워서,
재미있을 것 같아서
반려동물을 키우려고 하는 건 아닌지
자신에게 물어 봐.

나는 거북이를 키울 만큼 부지런한가?
내 용돈 대부분을 거북이를 위해 쓸 수 있을까?
가족에게 의지하지 않고
내 힘으로 거북이를 돌볼 수 있을까?

마지막으로 또 하나!
함께 사는 가족 구성원들에게도 이해와 허락을 꼭 받아야 해.
아무리 혼자 힘으로 돌본다고 해도
한 집에서 같이 사는 사람들 도움이 필요할 때가 꼭 있거든.
이런 고민을 하는 것부터가 책임감 있는 행동의 출발점이란다.
친구야, 너의 멋진 결정을 응원할게.

반려동물은 장난감이 아니라 생명을 지닌 존재야.
그런 반려동물과 함께 살며 마음을 나누는 멋진 경험을 하려면
나부터 마음의 준비가 잘 되어 있는지 살펴봐야 해.

🐢🐢🐢 마음굴리기를 위한 3개의 계단

하나. 나를 바라보기

엄마는 반대하시지만
나는 정말 거북이를 키우고
싶어하는구나.

둘. 새로운 마음을 입력해

반려동물을 기르면
끝까지 책임져야 해.
시간을 갖고 더 신중하게
생각해 보자.

셋. 주인공은 나야 나!

내 즐거움만이 아니라,
거북이도 행복할 거라
확신할 수 있을 때 거북이를 기르자!

5장

너한테만 얘기하는 건데

* 나만 혼나는 것 같아 너무 억울해
* 수학 공부는 시간 낭비 같아
* 수행평가가 너무 많아서 힘들어
* 나는 너무 솔직한 게 문제야
* 개미를 죽이는 게 잘못이야?

나만 혼나는 것 같아 너무 억울해

"친구들이랑 축구를 했어. 우리 팀이 졌어.
근데 상대팀 몇 명이 우리를 놀렸어.
난 짜증이 나서 때렸어.
근데 선생님은 나를 혼냈어. 난 정말 억울했어.
너희도 이런 경험이 있니?"

– 임○○(초2)

억울한 것 인정! 그래도 때리는 건 안 돼.

축구 경기에 진 것도 속상한데
상대팀 아이들이 놀리기까지 했다니,
정말 짜증나고 분했겠다!
선생님은 그런 네 마음도 모르고 너만 야단치셨다고?
그런 상황에서는 마대장도 정말 억울해했을 거야.

그때 네가 억울한 상황이란 걸
선생님께 바로 알렸더라면 좋았겠다는 생각이 들어.
경기에 이긴 아이들이 먼저 놀리지 않았다면
선생님께 야단맞을 일도 없었을 테니까.

그런데 하나만 같이 생각해 보자.
경기에 져서 속상한 마음도,
이긴 팀 아이들이 놀려서
짜증난 마음도 모두 이해가 돼.
그렇다고 해도 아이들을 때린
행동은 옳지 않다고 생각하는데,
네 생각은 어때?

마대장은 네가 억울하다고 선생님에게 말하기 전에
친구를 때린 건 잘못된 행동이었다는 걸 먼저 인정했다면 좋았을 거 같아.
그러면 선생님은 자기 잘못을 인정할 만큼 의젓한 네가
친구들을 때린 까닭을 궁금해하셨을 거야.

그때 네 기분과 마음 상태를 얘기했다면
선생님도 충분히 이해하지 않으셨을까?

놀리는 친구에게 화를 내거나 욕을 하거나
때리는 건 아주 낮은 수준의 대응책이야.
고수들은 화를 내지 않지.
대신 이렇게 한번 말해 봐.

"너희들, 이긴 건 축하하는데 적당히 해라~!"

억울한 일이 벌어지면 화를 내거나 싸우기보다
상대방이나 주변 사람들에게 먼저 어떤 상황인지 설명하고
네 기분과 마음 상태를 얘기한다면
억울한 감정도 좀 약해지고 마음도 가라앉을 거야.

🌱🌿🌷 마음굴리기를 위한 3개의 계단

하나, 나를 바라보기

친구가 먼저 놀려서 때린 건데
나만 야단맞아서
억울하구나.

둘, 새로운 마음을 입력해

때리는 것 말고 다른 방법은
정말 없었을까?
친구를 때린 건
확실히 잘못한 일 같아.

셋, 주인공은 나야 나!

경기에 이겼다고 진 편을 놀리는 건
정말 치사한 일이라는 걸 알았어.
나는 경기에서 이기더라도
그러지 않을 거야.

> 미안해!
> 내 사과를
> 받아줘.

수학 공부는 시간 낭비 같아

"나는 축구선수가 꿈인데,
학교에서 왜 수학 공부를 해야 하는지 모르겠어.
영어는 외국 선수들이랑 대화를 하려면
꼭 필요하니까 열심히 공부하고 있거든.
그런데 수학은 시간 낭비 같아."

- 정OO(초5)

수학은 시금치하고 비슷해.

초등학교 4학년 때부터 수포자의 길을
걸었던 나, 마대장은 친구가 하는
고민에 격하게 공감해!
계산기가 있는데 왜 덧셈 뺄셈을 공부해야 하는지,
집합이나 도형이 내 생활하고 무슨 관계가 있는지
나도 정말 이해가 안 됐거든.

그런데 어느 날, 그런 나에게 선생님께서
해 주신 얘기가 있어.
"마음아, 수학은 시금치하고 비슷해."
"엥? 그게 도대체 무슨 말씀이세요?"
김밥 먹을 때 시금치만 쏙쏙 빼내고
먹는 친구들 있잖아?

시금치가 입맛에 맞지 않아 지금 당장은 먹기 싫겠지만
몸에 좋은 영양소가 많아서 먹으면 몸에 좋은 것처럼,
수학도 그렇다는 뜻이었어.

수학은 우리 스스로 깊이 생각해서
문제를 해결하는 힘을 길러주는 과목이라는 거야.
새로운 문제에 맞닥뜨려도 다양한 해결 방법들을
고민하고 적당한 답을 찾아낼 수 있게
우리에게 생각하는 힘과 끈기를 길러주는 유익한 학문이래.

수학 공부를 하다 보면 그런 힘들이 조금씩 자라나고,
어른이 되어서도 그런 힘은 우리가 생활하는 데
정말 큰 도움이 된다고 하셨어.
수학은 축구를 할 때도 도움이 돼.
박지성 선수가 뛰어난 수학적 두뇌를 가진
운동선수 1위로 뽑힌 거 알고 있어?

거의 100분이라는 시간 동안
포기하지 않고 경기를 해내는 끈기,
순간순간 바뀌는 상황 속에서 빠르게
다음 행동을 결정하는 순발력,
공의 다음 위치를 정확히 파악하고 어디로
패스해 줘야 하는지 계산해 내는 판단력!

축구에 필요한 재능들이 수학을 공부하면
저절로 키워진다는 사실, 정말 놀랍지 않니?
요즘은 수학도 재미있게 공부하는 방법들이 많이 있더라.
하다 보면 친구도 박지성 선수같은 멋진 수학 두뇌가 만들어질 거야.
그러니 포기하지 말기를 바라. 힘내!

정답을 잘 맞히고 높은 점수를 받는 것도 중요하지만,
포기하지 않고 자기 힘으로 한 문제 한 문제
해결해 보는 게 더 중요하겠지?

마음굴리기를 위한 3개의 계단

하나, 나를 바라보기

수학은 축구를 잘하는 거랑 상관없다는 생각에 내가 수학을 무척 싫어하는구나.

둘, 새로운 마음을 입력해

축구는 정말 잘 뛰기만 하면 되는 운동일까? 훌륭한 축구 선수가 되려면 여러 가지 노력이 필요해.

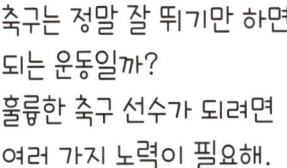

셋, 주인공은 나야 나!

하기 싫다고 지금 수학을 포기하는 건 너무 일러. 더 재미있게 공부할 수 있는 방법을 찾아볼래.

105_ 너한테만 얘기하는 건데

수행평가가 너무 많아서
힘들어

"중학생이 되니 공부할 게
너무 많은 것 같아.
수행평가가 너무 많아서 힘들어."

- 이OO(중1)

**어떻게 하면 괜찮아질까?,
마음속 대답을 들어봐.**

이런, 수행평가가 한꺼번에 몰렸구나!
으! 진짜 힘들겠다.
마대장도 수행평가 보는 과목을 줄이면 좋겠는데,
그건 우리 맘대로 할 수 있는 일이 아니야.
그렇다고 계속 힘들어하기만 하면 기분만 안 좋고
네게 아무런 도움이 안 돼. 이럴 땐 어떡하면 좋을까?

우리 마음은 딱 멈춰 있는 게 아니라서
자꾸 바뀌고 변한다는 걸 친구도 알고 있지?

**마음은 주변 환경 때문에
변하기도 하지만
나 스스로도 바꿀 수 있어.**

힘든 일이 있을 때는
'나는 이러이러해서 힘들어.
그런데 어떻게 하면 괜찮아질까?' 하고
자신에게 한번 물어봐.

그렇게 자기한테 물어보면 내 마음속에서 대답이 들려올 때가 있어.
'지금은 무조건 놀아야겠어. 아무것도 하기 싫으니까.' 이럴 수도 있고
'나중에 두 배로 힘들어지니까 지금 하나라도 일단 해 놓자.'고 할 수도 있지.

계속 힘들다는 생각만 반복하기보다는
어떻게 하면 좋을지 스스로에게 물어보는 것.

그걸 해 보자는 거야.

생각이 바뀌면 힘든 마음도 줄어들겠지?
그게 바로 마음을 굴리는 거란다.
친구야, 힘내!

마음굴리기를 위한 3개의 계단

하나, 나를 바라보기

내가 수행평가 때문에
엄청 힘들고 괴로워하는구나.

둘, 새로운 마음을 입력해

힘들다는 생각에만 빠져 있지 말고
내가 어떻게 하고 싶은지 나 자신에게 물어보자.
괴롭고 힘든 마음을 아직 더 표현하고 싶다면 A로
힘들다는 생각에서 좀 벗어나고 싶다면 B로.

셋, 주인공은 나야 나!

내 마음이 원하는 대로 일단 해 보는 거야.
다음 일은 그 다음에 또 생각하자!
A. 좋아. 마음이 좀 풀릴 때까지
   실컷 괴로운 마음을 표현하자.
B. '어떻게 하면 괜찮아질까?' 하고
   방법을 찾아보자!

나는 너무 솔직한 게 문제야

며칠 전 친구가 새 옷을 입고 왔는데
"야! 너 그 옷 너무 안 어울린다. 별로야."
하고 솔직하게 얘기했거든. 그런데 친구가
그 날 이후로 내 전화나 카톡에 답이 없어.
내가 너무 심하게 말했나 싶기도 하지만,
그렇다고 거짓말을 할 수는 없잖아.

- 김〇〇(초4)

솔직하면서도 따뜻하게 말하는 연습을 해 보자.

새로 산 옷을 입고 친구들에게
잘 보이고 싶었을 텐데 네 말 한 마디에
친구가 속상했을 것 같아. 그런데 어울리지 않는 옷을
입고 다닐 친구를 생각해서 나라도 진실을 알려줘야겠다고
생각한 네 마음도 충분히 이해가 가.
사실 나, 마대장도 비슷한 경험이 있어.

얼마 전 친구 집에서 같이 공부를
하다가 점심을 먹었는데,
친구 어머니가 버섯밥을 해 주셨어.
몇 숟갈 먹었는데 맛이 어떠냐고
물으시는 거야.
"맛있어요. 버섯이 들어 있어서
더 맛있어요." 하고 대답했어.

사실 난 버섯 냄새를 정말 싫어하거든.
하지만 차마 싫어한다고 말할 수는 없었어.
친구 어머니는 좋아하시면서 내 밥 위에 버섯을 듬뿍 올려 주셨지.
어쩔 수 없이 난 코로 숨을 안 쉬고 참으며 겨우 밥을 먹었어.
너무 솔직해서 고민인 너와는 반대로 나는 솔직하게
말하지 못하는 게 문제야. 사실대로 다 말하면 상대가
상처받을 것 같아서 내 마음과 다르게 말을 하게 돼.
그래서 버섯밥 사건 같은 일이 자주 생기지.

자기 마음이나 생각을 숨기지 않고
솔직하게 표현하는 건
장점이라고 생각해.

그런데 말이지, 하나 생각해 볼 점은 있어.
솔직함이 지나치면 무례함이 될 수도 있거든.
나는 그저 내 마음을 솔직하게 얘기했을
뿐인데, 상대가 상처를 받았다면
내 표현이 잘못된 것은 아닌지,
좀 더 부드럽게 말할 수는 없었는지
되돌아봐야 해.

예를 들어 그 친구를 보자마자 바로 안 어울린다고 말하기보다
다음에 다른 옷을 입고 왔을 때 "이 옷 정말 예쁘다! 지난번에 본
새 옷보다 이게 훨씬 더 좋은데?"라고 말하는 거야.
만일 친구가 지난번 옷이 이상했냐고 물으면, 그때
"옷은 예쁜데, 색깔이 너랑 잘 안 맞는 것 같았어."
하는 정도로만 얘기해도 충분하지 않았을까?
마대장은 이제부터 솔직하게 말하는 걸 연
습하려고 해. 친구야, 우리 둘 다 잘 해 보자.

상대가 속상하게 느낄 수 있는 말일수록
따뜻하게 말하는 연습을 해 보자. 네 솔직함에
따뜻함까지 갖춘다면 정말 멋질 것 같지 않니?

마음굴리기를 위한 3개의 계단

하나, 나를 바라보기

솔직하게 말한 것뿐이야.
거짓말을 할 순 없잖아.
그래서 내가 억울해하는구나.

둘, 새로운 마음을 입력해

솔직한 것도 좋지만
듣는 사람 마음이
더 중요할 때도 있어.
말하기 전에 한 번 더 생각해 보자.

그렇게 말하니까 좀 속상해!

미안

그렇게 말해 줘서 고마워!

셋, 주인공은 나야 나!

내가 하려는 솔직한 이야기를
따뜻하게 전해 줄 수 있다면,
난 정말 멋있어질 거야!

개미를 죽이는 게 잘못이야?

 "집에 개미가 있어서 죽였는데
아빠가 뭐라고 하셨어.
개미를 죽이는 게 잘못이야?"

– 이OO(초5)

**세상 모든 생물은 우리와 똑같이
생명을 가지고 태어났어**

흠, 만약 개미가 아니라 바퀴벌레였다면
아빠도 무조건 잡으려고 하지 않으셨을까?
아빠가 생각하기에 바퀴벌레는 해충이지만
개미는 해충이 아니라고 생각하셨을지도 몰라!

생각해 보면 세상 모든 생물들, 작은 개미, 바퀴벌레,
들에서 자라는 풀까지도 우리와 똑같이 생명을 가지고 태어났어.
하지만 강한 동물이 식물이나 약한 동물을 먹는 것은 자연의 법칙이기도 해.
사람들도 수많은 다른 생명들을 희생시키면서 살아가니까 말이야.
그러면 그 생명들을 향해 우리 마음을 어떻게 가지는 게 좋을까?

아빠 꾸중에 속상했겠지만
마대장이 볼 때는 다음에 개미가 나타나면
죽일지, 그러지 않고 바깥으로 내보낼지를
생각해 볼 수 있는
좋은 기회가 될 것 같은데?

우리 같이 잘 생각해 보자.
우리 친구는 모든 생명체가 나만큼
소중하고 귀하다는 걸
꼭 알아주길 바라.

밥을 먹을 때도
'이렇게 내가 먹을 수 있게 해 줘서
모두 고마워, 감사해.'
하는 마음으로 먹으면
모두를 사랑할 줄 아는
그런 사람이 되지 않을까?

**모든 생물들은 우리와 똑같이 귀한 생명을 가지고 태어났어.
우리가 먹고 입고 쓰는 것에 늘 감사하는 마음을 가지자.**

🌱🐾🌿 마음굴리기를 위한 3개의 계단

하나, 나를 바라보기

집에 들어온 개미를
죽이지 말아야 했나
고민하는구나.

둘, 새로운 마음을 입력해

나는 그동안 다른 생명체들에게
어떤 생각을 갖고 있었지?
이번 기회에 진지하게
고민해 봐야겠어.

생명은
모두 소중해.

셋, 주인공은 나야 나!

혹시 다음에 그런 일이
생기게 된다면 꼭 마음으로
'미안해!'라고 말해야겠어!

117_ 너한테만 얘기하는 건데

6장

세상의 많고 많은 마음

* 다이어트가 잘 안 돼
* 이마에 여드름이 없어지질 않아
* 대체 사랑이 어떤 거지?
* 아직도 천둥 번개가 무서워
* 게임을 자꾸 하게 돼

다이어트가 잘 안 돼

 "요즘 살이 많이 쪄서 걱정이야.
운동을 해도 잘 안 빠지고,
뭐 좋은 방법이 없을까?"

– 임○○(초5)

혹시 살찌우는 습관이 있는 거 아닐까?

다이어트를 우리말로 번역하면 뭐게?
정답은 '내일부터'래. 미안, 농담이야!
마대장도 다이어트를 정말 많이 해 봤어.
내가 먹는 걸 엄청 좋아하거든.
그러다 중요한 걸 하나 깨달았지.
그건 바로 다이어트는 '습관'이라는 거야.
보통 우리는 '다이어트를 한다'고 할 때
한 가지 음식만 먹기, 저녁에 안 먹기,
매일 줄넘기 하기 등 규칙을 만들고 그걸 지키려고 해.

하지만 생각해 봐.
중간에 쉬지도 않고 뭔가를 계속
열심히 한다는 건 정말 어려운 일이라고!
그러니 지치기도 하고, 재미도 없어지고,
포기하게 되는 게 당연해.
그래서 마대장은 생각을 해 봤어.
'혹시 내가 살이 찌게 하는 습관을
가지고 있는 건 아닐까?' 하고 말이야.
그 뒤로 내가 찾은 다이어트 꿀팁을 알려 줄게!

좋은 습관을 만들면 굳이 다이어트를 하려고
애쓰지 않아도 살은 저절로 빠질 거야.

 다이어트는 좋은 습관이 필요해요~.

 하나, 텔레비전이나 핸드폰을 보면서 밥을 먹지 않는다.

'이제 충분해. 그만 먹어.'라는 뇌의 신호를
놓칠 수 있어. 밥 먹을 땐 밥에만 집중하자!

 둘, 과자, 음료수, 사탕, 초콜릿, 빵 등은 하루에 하나만!

각각 하나씩이 아니라, 이들 중에 하나야!
끊기가 어렵다면 하루에 딱 하나만 먹자!

 셋, 하루에 일곱 시간 이상은 꼭 잘 것!

잠을 제대로 자지 못하면 식욕이 증가한대.
잠만 잘 자도 살 빠진다. 진짜야!

 넷, 물을 자주 마신다.

물은 우리 몸 안에서 지방 연소를 도와주고,
식욕을 줄이는 데도 도움이 많이 돼.
간식 먹고 싶을 때 물 마시기!

참, 중요한 사실 한 가지!
다이어트에서 가장 중요한 핵심은 자기 사랑이야!

자기 자신을 사랑하고 아끼는 마음으로
몸과 마음을 건강하게 하는 다이어트에
성공하길 바랄게!

🐢🐰🐰 마음굴리기를 위한 3개의 계단

하나, 나를 바라보기

다이어트가 잘 안 돼서
내가 걱정하는구나.

둘, 새로운 마음을 입력해

먹는 걸 줄이고 운동을 많이
하는 것만이 다이어트일까?
무조건 굶기보다는 살이 찌는 습관을
찾아서 고쳐 보는 게 더 좋을 것 같아.

그래, 이거야!

마음굴리기 대장의
다이어트 꿀팁!

셋, 주인공은 나야 나!

목표 몸무게도 다이어트 방법도
내 건강을 해치지 않는 선에서
나 스스로 정할 거야!

완전 소중한
나니까잉!

123_ 세상의 많고 많은 마음

이마에 여드름이 없어지질 않아

 "이마에 여드름이 났는데
세수를 해도 없어지지 않아.
어떻게 해야 하지?"

– 송○○(초5)

내 몸이 더 크게 자랄 준비를 하는 거야.

정말이지 여드름은 반갑지 않은 손님인 것 같아!
거울 볼 때마다 신경 쓰이고
사람들이 쳐다볼까 봐 밖에 나가는 것도 불편해.
마대장도 한때 여드름이 엄청 심했거든.
그런데 말이지, 어쩌면 그건 우리 몸이 보내는 신호일 수도 있어.
열두 살 정도면 몸속 세포나 호르몬들이 좀 더 크게
자랄 준비를 하기 위해 변하기 시작할 때거든.

여드름도 그래서 생기는 경우가 많아.
이럴 땐 어떻게 하는 게 좋을까?
'여드름 따위 정말 싫어. 제발 사라져!'
하고 거부하기?
화장을 해서 여드름 가리기?
그것도 아니면 엄마를 졸라서
병원에 가 볼까?

음, 이렇게 생각해 보면 어떨까?

'내 몸에 뭔가 변화가 일어나는구나. 싫지만 좀 기다려 보자.'
'신경 쓰면 더 심해진대. 마음 편하게 지내보자.' 하고 말이야.

몸이 아프면 기분도 좋지 않은 것처럼
계속 짜증만 내면 몸속 세포들이 더 신경질을 낼지도 몰라.
왜냐하면 우리 몸과 마음은 서로 영향을 주고받거든.

누가 그러는데, 이마에 난 여드름은
누가 나를 몰래 좋아하는 거래!

여드름이 좋아하는 마음의 표현이라면
더더욱 기분 좋게 우리 몸에게
답장을 잘 보내 주자.

얼굴에 여드름이 나는 것은
내 몸이 더 크게 자랄 준비를 하는 거야.
마음을 편하게 가지고 우리 몸을 사랑해 주면 돼.

마음굴리기를 위한 3개의 계단

하나, 나를 바라보기
이마에 난 여드름 때문에
엄청 신경을 쓰는구나.

둘, 새로운 마음을 입력해
내 몸속에서 뭔가
변화가 일어나고 있어.
여드름은 내가 자라고 있다는 신호야.

마음을 편안하게~

셋, 주인공은 나야 나!
짜증나는 마음은
여드름에 전혀 도움이 되지 않아.
대신 건강한 음식, 편안한 마음을
내 몸에 선물하겠어!

대체 사랑이 어떤 거지?

 좋아하는 사람이 있는데,
마음이 확실하지가 않아.
대체 사랑이 어떤 거지?

— 설OO(초6)

'사랑은 이런 거야.' 하고 단정하기는 정말 어려워

솔직히 마대장도
사랑이 뭔지 잘 모르겠어.
세상에는 '이건 이거다.' 하고 말하기
어려운 것들이 참 많은 것 같아.
사랑도 그 중 하나야.

사랑에 빠지면 우리 몸 안에서는
호르몬 축제가 벌어진대.
도파민, 페닐에틸아민, 옥시토신, 엔돌핀 같은
호르몬들이 마구 생겨나서
기분이 좋아지고, 잠을 못 자도 덜 피곤하고,
심지어 밥을 안 먹어도 배가 고프지 않대!
그 친구를 생각할 때 이런 기분이 든다면
좋아하고 있다고 생각해도 되지 않을까?

그런데 사랑에 대해 한 가지 생각해야 할 점이 있어.
어떤 사람은 사랑하는 사이라면 뭐든지 함께해야 한다고 생각하지만
어떤 사람은 각자 좋아하는 게 다를 수 있다고 생각하지.
사람마다 외모와 성격, 살아온 환경이 모두 다르듯이
각자 느끼고 표현하는 사랑의 모습도 모두 다르다는 거야.

그래서 '사랑은 이런 거야.' 하고
단정하기는 정말 어려워.
앞으로 친구는 누군가를 좋아하게 되고,
서로 마음을 나누는 경험을 해가면서
'사랑은 이런 거구나.' 하고 자연스럽게
배우고 알게 될 거라고 생각해.

어쩌면 지금 서로에게 재미있고 좋은 친구가 되려고
노력하는, 그런 마음도 사랑의 한 모습이 아닐까?
사랑은 분명 참 멋진 일인 것 같아!

마음굴리기를 위한 3개의 계단

하나, 나를 바라보기

나, 그 애를 좋아하는 걸까?
헷갈려!

둘, 새로운 마음을 입력해

감정이 헷갈린다고 너무 고민하지 말자.
지금 당장 답을 내리지 않아도 돼.

일단 말을
걸어 볼까?

이 책 재밌더라.
한번 읽어 볼래?

좋아!

셋, 주인공은 나야 나!

지금 내 솔직한 마음은 우리가
생각이 잘 통하는 좋은 사이가
되었으면 좋겠다, 이거야!

아직도 천둥 번개가 무서워

 "나는 아홉 살이나 됐는데
아직도 천둥 번개 칠 때가 너무 무서워.
어떻게 하면 안 무서울까?"

― 곽○○(초1)

번개가 칠 때마다 식물이 자란다는 걸 아니?

하늘에서 번쩍번쩍 번개가 치고
우르르쾅쾅 천둥이 울리면 정말 무섭지?
그런데 사실 번개는 엄청 센 정전기 같은 것이거든.
그 정전기 때문에 주변 공기가 갑자기 뜨거워지거나
부풀어 오르면서 소리가 나는 게 천둥이고 말이야.

그런데 왜 그렇게 무서운 걸까?
공포 영화에서 번개가 칠 때 벌어지곤 하는
끔찍한 장면이 떠올라서?

마대장이 번개에 대해
조사하다가 신기한 사실을 알게 됐어.
공기 중에는 '질소'라는 게 있는데
번개가 치면 그 충격으로 질소가
비에 섞여서 내리고, 그게 흙이나
바위에 스며들어 거름이 된다는 거지.
바위나 절벽 같은 곳에서도 꽃이나
풀이 자랄 수 있는 건 바로
이 천연 질소 비료 덕분이야.

그래서 그 다음부터는 천둥 번개가 칠 때마다
'오늘 천둥 번개가 많이 쳤으니 내일은 식물들이
부쩍 더 자라겠구나.' 이렇게 생각해 주었지.

**컴퓨터에 새로운 정보를 입력하는 것처럼
내 마음도 그렇게 새로운 생각으로
업그레이드를 시켜준 거야.**

자꾸 그렇게 생각하다 보니 천둥 번개가 칠 때마다
꽃이나 나무들이 좋아하는 모습이 떠오르면서 덜 무섭더라고.
번개가 칠 때마다 공포 영화만 떠올린다면 천둥 번개가
계속 무서울 테고, 꽃과 나무를 떠올린다면
자연이 성장한다는 좋은 생각에 즐거워지겠지?

친구들도 무조건 무서워하지 말고
되도록이면 좋게 생각해 보길 바라.
그게 바로 내 마음을 굴리는 거란다.

마음굴리기를 위한 3개의 계단

하나, 나를 바라보기

내가 지금 천둥 번개를
몹시 무서워하는구나!

둘, 새로운 마음을 입력해

천둥 번개가 꼭 무서운 것일까?
꽃과 나무들에게는 꼭 필요한 일이야.

셋, 주인공은 나야 나!

앞으로 천둥 번개가 치면 이렇게 생각할 거야.
'음, 천둥 번개가 열심히 거름을 만들고 있구나.
소리는 시끄럽지만 꽃과 나무들에게는 좋은 일이야!'

게임을 자꾸 하게 돼

"게임을 그만해야 하는데, 자꾸 하게 돼. 어떡하지?"
— 정OO(초3)

지킬 수 있는 약속을 정하고, 지키려고 노력하자.

마대장이 어렸을 때,
하루는 선생님이 게임을 하나 하자고 하셨어.
선생님한테 보들보들한 털을 가진
귀여운 북극곰 인형이 하나 있는데
30초 동안 그 인형 생각을 하지 않으면
내게 주시겠다는 거야.
하나도 어렵지 않다고 생각했는데,
그 짧은 30초 동안 곰 인형 생각이
머릿속을 떠나지 않는 거야.

그때 사실 마대장은
만화책에 빠져서 숙제도 자주 빼먹고,
친구들과 잘 놀지도 않았거든.
만화책을 보고 싶은 마음과
그만 봐야 한다는 마음 사이에서
갈팡질팡하던 내게 선생님께서는
이런 말씀을 해주셨어.

"곰 인형을 생각하지 말아야지 하면 더 생각이 나는 것처럼
만화책을 보지 말아야지 하면 더 생각이 나서 보고 싶어지는 거야."
그러고 나서 선생님은 내가 지킬 수 있는 약속 몇 가지를 적게 하셨어.

첫째,
일단 숙제 먼저
만화책은 그 뒤에

둘째,
만화책 읽기는
하루에 2시간 이내로

셋째,
밥 먹을 때나 잠자기 전에는
만화책 펼치지 않기

이 규칙들을 종이에 크게 적어서 책상 앞에 붙여 놓고 지키려
노력했던 기억이 나. 뭔가를 참고 자제하는 건 누구에게나 어려운 일이야.
무조건 참기보다는 지킬 수 있는 약속을 한두 개 정하고,
그건 꼭 지키려고 노력해 보자. 그럼 좀 더 쉽게 조절할 수 있게 될 거야!
(나와의 약속을 지키면서 읽었던 만화책은 더 꿀잼이었다는 사실은 안 비밀!)

지키기 힘든 약속으로 자신을 괴롭히기보다
지킬 수 있는 작은 약속부터 지켜 보자.
할 수 있을 거야, 힘내!

마음굴리기를 위한 3개의 계단

하나, 나를 바라보기

게임을 오래 한다고
스스로 걱정하는구나.

둘, 새로운 마음을 입력해

걱정하지 않고
게임을 즐길 방법을 찾아내자!

하고 싶은 걸
다 할 순 없다구.
나 자신과도
협상이 필요해.

그렇게
해나갈 수 있어!

셋, 주인공은 나야 나!

내가 내 생각의 주인이잖아.
나만의 룰을 정하자.

| 맺음말 |

친구들,
마지막 고민까지 따라와 줘서 고마워!

친구들이 하는 고민과 같은 것도 있고,
별 상관없는 것도 있을 거야.
여기서 소개한 걱정이나 고민들 말고
친구들을 괴롭히는 고민이 있다면
어떻게 해야 하는지 이제 알 거라고 생각해.

그래 맞아. 마음을 굴려보는 거야!

마음굴리기 대장도 처음부터
모든 고민을 해결하진 못했어.
문제가 생기거나 마음이 힘들 때마다
그냥 두지 않고 마음을 굴려보는 연습을 하다보니
예전보다 훨씬 마음이 편해졌어.

언제든 마음이 힘들 때
이 책을 펼치면 도움이 될거야.

친구들 모두 소중한 존재라는 걸,
친구들 마음의 주인은 친구들이라는 걸,
그러니 자신을 소중히 생각해야 한다는 걸
꼭 기억하기 바라.

- 친구들을 응원하는 마음굴리기 대장으로부터